MW01537689

THIS JOURNAL BELONGS TO:

Made in the USA
Las Vegas, NV
03 December 2023

82058284R00115